CATALOGUE

DES

COQUILLES MARINES

RECUEILLIES

A L'ILE D'YEU

PAR

LE Dr G. SERVAIN

ANGERS
IMPRIMERIE P. LACHÈSE ET DOLBEAU
13, Chaussée Saint-Pierre, 13

1880

CATALOGUE

DES

COQUILLES MARINES

RECUEILLIES A L'ILE D'YEU

CATALOGUE

DES

COQUILLES MARINES

RECUEILLIES

A L'ILE D'YEU

PAR

LE Dr G. SERVAIN

ANGERS
IMPRIMERIE P. LACHÈSE ET DOLBEAU
13, Chaussée Saint-Pierre, 13

1880

COQUILLES MARINES

DE L'ILE D'YEU

Différents travaux ont été publiés sur les mollusques qui habitent les plages Océaniques de la France, mais à notre connaissance l'île d'Yeu n'a encore été l'objet d'aucune étude spéciale ; c'est ce qui nous engage à présenter aujourd'hui le catalogue des coquilles que nous y avons rencontrées pendant les quelques jours que nous avons pu y demeurer. Si cette liste n'est pas plus étendue, il n'en faut accuser que l'insuffisance de nos recherches et l'époque déjà avancée de l'année à laquelle nous avons pu faire ces explorations : nous nous proposons de compléter plus tard ce catalogue en y ajoutant la liste des Nudibranches qui vivent sur les côtes de l'île d'Yeu.

La faune de cette île ne présente d'ailleurs rien de spécial, elle se rattache d'une part à la zône celtique et de l'autre à la zone lusitanienne.

Située dans l'Océan Atlantique à cinq ou six lieues

des côtes de la Vendée, l'île d'Yeu s'étend du nord-ouest au sud-est sur une longueur d'environ 10 kilomètres, et se termine à sa partie méridionale par une pointe allongée appelée pointe du Corbeau. Toute la partie occidentale, celle qui regarde la haute mer, ne présente que falaises à pic et rochers inaccessibles dont la hauteur atteint jusqu'à 25 et 30 mètres ; de distance en distance entre ces rochers s'ouvre une petite baie qui offre aux pêcheurs un abri dans les mauvais temps ; près de l'un de ces refuges se dressent encore les ruines pittoresques d'un vieux château. Cette partie de la côte est peu favorable aux recherches conchyliologiques ; les bivalves y sont rares, mais en revanche les rochers sont couverts d'une nombreuse population de patelles, de troques et de littorines.

Du côté de la France au contraire la pente est moins rapide, la côte devient sablonneuse, mais en conservant sa ceinture de rochers qui s'avançant çà et là dans la mer divisent le rivage en plusieurs baies d'un abord facile, dans l'une desquelles se trouve le principal port de l'île, Port-Breton.

C'est de ce côté qu'ont porté principalement nos recherches, c'est dans ces anses sablonneuses et parmi les sables que la mer rejette sur les plages que nous avons trouvé la plus grande partie des espèces qui forment l'objet de ce catalogue.

MOLLUSCA ACEPHALA

CONCHIFERA.

GASTROCHŒNIDÆ.

GASTROCHŒNA.

GASTROCHŒNA DUBIA.

Mya dubia, *Pennant*, Brit. Zool., IV, p. 82, t. XLIV, fig. 19, 1777.
Gastrochœna dubia, *Jeffreys*, Brit. Conch., III, p. 91, 1865, et V, pl. LI, fig. 6, 1869.

Assez rare sur toute la côte.

PHOLADIDÆ.

PHOLAS.

PHOLAS DACTYLUS.

Pholas dactylus, *Linnæus*, Syst. Nat. (éd. x), p. 669, 1758.

La nature granitique de l'île d'Yeu explique la rareté sur ces côtes des pholades et autres mollusques perforants.

PHOLAS PARVA.

Pholas parvus, *Pennant*, Brit. Zool., IV, p. 77, pl. XL, fig. 13, 1777.
Pholas parva, *Forbes and Hanley*, Brit. Moll., I, p. 111, pl. IV, fig. 1-2, pl, II, fig. 2, 1853.

Çà et là sur la côte avec la précédente.

PHOLAS CANDIDA.

Pholas candidus, *Linnæus*, Syst. Nat. (éd. x), p. 669, 1758.
Pholas candida, *Forbes and Hanley*, Brit. Moll., I, p. 117, pl. IV, fig. 1-2, 1853.

Peu commune ; alentours de Port-Breton.

SOLENIDÆ.

SOLEN.

SOLEN VAGINA.

Solen vagina, *Linnæus*, Syst. Nat. (éd. x), p. 672, 1758.

Sur les bancs de sable, le long de la côte.

SOLEN SILIQUA.

Solen siliqua, *Linnæus*, Syst. Nat. (éd. x), p. 672, 1758.

Cette espèce vit avec la précédente sur les rivages vaseux.

SOLEN ENSIS.

Solen ensis, *Linnæus*, Syst. Nat. (éd. x), p. 672, 1758.

Plages sur la côte orientale de l'île.

SOLEN PELLUCIDUS.

Solen pellucidus, *Pennant*, Brit. Zool., IV, p. 84, pl. LXVI, fig. 23, 1777.

Plus rare que les précédents.

CERATISOLEN.

CERATISOLEN LEGUMEN.

Solen legumen, *Linnæus,* Syst. Nat. (éd. x), p. 672, 1758.
Ceratisolen legumen, *Jeffreys,* Brit. Conch., III, p. 10, 1865, et V, pl. XLVI, fig. 3, 1869.

Dans le sable vaseux de la côte, avec les Solen, mais moins commun.

SAXICAVIDÆ.

SAXICAVA.

SAXICAVA RUGOSA.

Mytilus rugosus, *Linnæus,* Syst. Nat. (éd. XII), p. 1156, 1767.
Saxicava rugosa, *Forbes and Hanley,* Brit. Moll., I, p. 146, pl. VI, fig. 7-8, 1853.

Rejetée çà et là sur le rivage.

CORBULIDÆ.

CORBULA.

CORBULA GIBBA.

Tellina gibba, *Olivi,* Zool. Adr., p. 101, 1792.
Corbula gibba, *Jeffreys,* Brit. Conch., III, p. 56, 1865, et V, pl. XLIX, fig. 6, 1869.

Cette espèce décrite par Lamarck sous le nom de Corbula nucleus est commune à l'île d'Yeu.

PANDORIDÆ.

PANDORA.

PANDORA INÆQUIVALVIS.

Solen inæquivalvis, *Linnæus,* Syst. Nat. (éd. x), p. 673, 1758.

Pandora inæquivalvis, *Jeffreys,* Brit. Conch., III, p. 24, 1865, et V, pl. XLVIII, fig. 1, 1869.

Tout le long de la côte, assez rare ; c'est le Pandora rostrata de Lamarck et de Forbes et Hanley.

ANATINIDÆ.

THRACIA.

THRACIA PAPYRACEA,

Tellina papyracea, *Poli,* Test. Sic., I, p. 43, t. XV, fig 14, 18, 1791.

Thracia papyracea, *Jeffreys,* Brit. Conch., III, p. 36, 1865, et V, pl. XLVIII, fig. 4, 1869.

Vit dans le sable dans la zone des Laminaires. Peu fréquente. Cette coquille est aussi appelée Thracia phaseolina.

THRACIA DISTORTA.

Mya distorta, *Montagu,* Test. Brit., p. 42, t. I, fig. 1, 1803.

Thracia distorta, *Forbes and Hanley,* Brit. Moll., I, p. 231, pl. XVII, fig. 1, 2, 3, 8, 1853.

Elle habite les trous des rochers et présente une grande variété de formes.

MACTRIDÆ.

MACTRA.

MACTRA SOLIDA.

Cardium solidum, *Linnæus*, Syst. Nat. (éd. x), p. 681, 1758.
Mactra solida, *Gmelin*, Syst. Nat., p. 3259, 1789.

Assez commune dans le sable, à une faible profondeur.

MACTRA SUBTRUNCATA.

Trigonella subtruncata, *Da Costa*, Brit. Conch., p. 198, 1778.
Mactra subtruncata, *Montagu*, Test. Brit., p. 40, 1803.

Elle n'est pas rare à l'île d'Yeu ; vit avec la précédente.

MACTRA STULTORUM.

Cardium stultorum, *Linnæus*, Sys. Nat. (éd. x), p. 681, 1758.
Mactra stultorum, *Gmelin*, Syst. Nat., p. 3258, 1789.

Assez commune avec les précédentes.

MACTRA GLAUCA.

Mactra glauca, *Born*, Test. mus. Vind. Tieb., III, p. 11-12, 1780.

Cette belle coquille qui porte aussi le nom de Mactra helvacea habite les eaux profondes ; elle est rapportée du large par les pêcheurs.

LUTRARIA.

LUTRARIA ELLIPTICA.

Mya lutraria, *Linnæus*, Syst. Nat. (éd. x), p. 670, 1758.
Lutraria elliptica, *Lamarck*, An. s. vert. V, p. 468, 1818.

Cette espèce et la suivante ne sont pas très répandues sur la côte de l'île d'Yeu, on en trouve çà et là une valve roulée sur le rivage. Elles vivent plus particulièrement dans les estuaires et à l'embouchure des rivières où elles se creusent des sillons dans les vases amenées par les courants. Elles sont plus communes à l'île de Noirmoutier et aux abords du goulet de Fromentine.

LUTRARIA OBLONGA.

Mya oblonga, *Chemnitz*, Conch. cab., VI, p. 27, tab. II, fig. 12, 1782.
Lutraria oblonga, *Forbes and Hanley*, Brit. Moll., I, p. 374, pl. XIII, fig. 1, 1853.

Avec la précédente.

SYNDOSMYA.

SYNDOSMYA ALBA.

Mactra alba, *Wood*, in Linn. Trans., VI, p. 165, tab. XVI, fig. 9-12, 1800.
Syndosmya alba, *Recluz*, in Revue Zool., p. 362, 1843.

Vit dans le sable à une faible profondeur ; souvent rejetée sur les plages.

SYNDOSMYA TENUIS.

Mactra tenuis, *Montagu*, Test. Brit. Suppl., p. 572, t. XVII, fig. 7, 1808.

Syndosmya tenuis, *Forbes and Hanley,* Brit. Moll., I, p. 323, pl. XVII, fig. 11, 1853.

Avec la précédente.

SCROBICULARIA.

SCROBICULARIA PIPERATA.

Mactra piperata, *Gmelin,* Syst. Nat., p. 3260, 1789.

Scrobicularia piperata, *Forbes and Hanley,* Brit. Moll., I, p. 326, pl. XV, fig. 5, 1853.

Commune sur la partie de la côte qui regarde la Vendée.

TELLINIDÆ.

GASTRANA.

GASTRANA FRAGILIS.

Tellina fragilis, *Linnæus,* Syst. Nat. (éd. X), p. 674, 1758.

Gastrana fragilis, *Jeffreys,* Brit. Conch., II, p. 367, 1863, et V, pl. XL, fig. 2, 1869.

On la trouve dans le sable vaseux à une profondeur de mer qui, suivant Jeffreys, ne dépasse pas 30 brasses.

TELLINA.

TELLINA CRASSA.

Venus crassa, *Gmelin,* Syst. Nat., p. 3288, 1789.

Tellina crassa, *Forbes and Hanley,* Brit. Moll., I, p. 288, pl. XX, fig. 1-2, 1853.

Espèce rare.

TELLINA BALTHICA.

Tellina balthica, *Linnæus,* Syst. Nat. (éd. x), p. 677, 1758.

Commune avec des colorations diverses.

TELLINA TENUIS.

Tellina tenuis, *Da Costa,* Brit. Conch., p. 210, 1778.

Sur toutes les plages.

TELLINA FABULA.

Tellina fabula, *Gronovius,* Zoophyt., III, p. 268, tab. XVIII, fig. 9, 1781.

Plus rare que la précédente avec laquelle elle vit.

TELLINA SQUALIDA.

Tellina squalida, *Pulteney*, Cat. Dors., p. 29, 1799.

Habite profondément.

TELLINA DONACINA.

Tellina donacina, *Linnæus,* Syst. Nat. (éd. x), p. 676, 1758.

Cette telline et la précédente se rencontrent peu fréquemment à l'île d'Yeu.

PSAMMOBIA.

PSAMMOBIA FERROENSIS.

Tellina Ferroensis, *Chemnitz,* Conch. cab., VI, p. 99, t. x, fig. 91, 1782.

Psammobia Ferroensis, *Forbes and Hanley*, Brit Moll., I, p. 274, pl. XIX, fig. 3, 1853.

Peu répandue dans le sable sur les petites plages de la côte orientale.

PSAMMOBIA VESPERTINA.

Lux vespertina, *Chemnitz*, Conch. cab., VI, p. 72, t. VII, fig. 59-60, 1782.

Psammobia vespertina, *Lamarck*, An. s. vert., V, p. 513, 1818.

Plus commune que la précédente; on la trouve en compagnie des Tellines.

DONACIDÆ.

DONAX.

DONAX VITTATUS.

Cuneus vittatus, *Da Costa*, Brit. Conch., p. 202, pl. XIV, fig. 3, 1778.

Donax vittatus, *Jeffreys*, Brit. Conch., II, p. 402, 1863, et V, pl. XLII, fig. 5, 1869.

Cette espèce très commune dans le sable, sur tout le littoral, a été aussi décrite sous le nom de Donax Anatinus.

DONAX POLITUS.

Tellina polita, *Poli*, Test. utr. Sicil., I, p. 44, t. XXI, fig. 14-15, 1791.

Donax politus, *Forbes and Hanley*, Brit. Moll., I, p. 336, pl. XXI, fig. 7, 1858.

Rencontré rarement.

LITHOPHAGIDÆ.

PETRICOLA.

PETRICOLA LITHOPHAGA.

Venus lithophaga, *Retzius,* Acta Acad. Taurensis, V, p. 11-14, fig, 1-2.
Petricola lithophaga, *Forbes and Hanley*, Brit. Moll., I, p. 151, pl. VI, fig. 9-10, 1853.

Ce mollusque perfore les roches sous-marines qu'il désagrège au moyen de sa sécrétion acidulée ; on le trouve logé dans les trous qu'il s'est ainsi creusés.

VENERIDÆ.

TAPES.

TAPES PULLASTRA.

Venus pullastra, *Montagu*, Test. Brit., p. 125, 1803.
Tapes pullastra, *Forbes and Hanley*, Brit. Moll., I, p. 182, pl. XXV, fig. 2-3, 1853.

On le trouve ordinairement enfoncé dans le sable, quelquefois dans des trous de rochers ; dans ce dernier cas, il constitue le Venus perforans de Montagu.

TAPES DECUSSATUS.

Venus decussatus, *Linnæus,* Syst. Nat. (éd. X), p. 690, 1758.
Tapes decussatus, *Jeffreys,* Brit. Conch., II, p. 359, 1863, et V, pl. XXXIX, fig. 7, 1869.

Commun sur les plages sablonneuses.

TAPES VIRGINEUS.

Venus virginea, *Gmelin,* Syst. Nat., p. 3249, 1789.
Tapes virgineus, *Jeffreys,* Brit. Conch., II, p. 352, 1863, et V, pl. XXXIX, fig. 5, 1869.

Il vit plus au large que les précédents et se rencontre plus rarement.

TAPES AUREUS.

Venus aurea, *Gmelin,* Syst. Nat., p. 3288, 1789.
Tapes aureus, *Jeffreys,* Brit. Conch., II, p. 349, 1863, et V, pl. XXXIX, fig. 4, 1869.

Assez rare.

VENUS.

VENUS VERRUCOSA.

Venus verrucosa, *Linnæus,* Syst. Nat. (éd. X), p. 685, 1758.

Commune sur tout le littoral de l'île et souvent rapportée par les pêcheurs à la drague.

VENUS GALLINA.

Venus gallina, *Linnæus,* Syst. Nat. (éd. X), p. 685, 1758.

Dans la 10e édition du Systema naturæ, Linnæus ne cite que la mer Méditerrranée comme habitée par cette espèce, mais dans la 12e édition son habitat est étendu aux mers du nord de l'Europe. Jeffreys regarde d'ailleurs les deux formes du Venus gallina, celle du Nord et celle de la Méditerranée, comme constituant deux variétés de la même espèce.

VENUS FASCIATA.

Pectunculus fasciatus, *Da Costa,* Brit. Conch., p. 188, tab. XIII, fig. 3, 1778.
Venus fasciata, *Forbes and Hanley,* Brit. Moll., I, p. 415, pl. XXIII, fig. 3, pl. XXVI, fig. 7, 1853.

Cette jolie espèce est rare à l'île d'Yeu.

DOSINIA.

DOSINIA EXOLETA.

Venus exoleta, *Linnæus,* Syst. Nat. (éd. X), p. 688, 1758.
Dosinia exoleta, *Deshayes,* Traité élém. Conch., I, p. 619, tab. XX, fig. 9-11, 1849.

Amenée rarement par la drague sur la côte orientale.

CYTHEREA.

CYTHEREA CHIONE.

Venus Chione, *Linnæus,* Syst. Nat. (éd. XII), p. 1131, 1767.
Cytherea Chione, *Forbes and Hanley,* Brit. Moll., I, p. 396, pl. XXVI, 1853.

Elle vit à une assez grande distance du rivage sur la côte de l'est. Jeffreys fait remarquer que dans la 10e édition du Systema Naturæ, Linnœus paraît avoir confondu le Venus Chione avec une autre espèce qui lui est alliée et qui vit dans les mers tropicales, puisqu'il lui donne comme habitat « l'Océan asiatique et même l'Océan européen. »

CYPRINIDÆ.

ISOCARDIA.

ISOCARDIA COR.

Chama cor, *Linnæus,* Syst. Nat. (éd. XII), p. 1137, 1767.

Isocardia cor, *Forbes and Hanley*, Brit. Moll., I, p. 472, pl. XXXIV, fig. 2, 1853.

Cette belle coquille rare sur nos côtes est rapportée du large par les pêcheurs.

CARDIIDÆ.

CARDIUM.

CARDIUM ACULEATUM.

Cardium aculeatum, *Linnæus*, Syst. Nat. (éd. X), p. 679, 1758.

Habite les grandes profondeurs au large des côtes; rapporté par les pêcheurs.

CARDIUM ECHINATUM.

Cardium echinatum, *Linnæus*, Syst. Nat. (éd. X), p. 679, 1758.

Vit dans les mêmes conditions que le précédent; on en trouve de temps en temps des valves roulées sur le rivage.

CARDIUM EDULE.

Cardium edule, *Linnæus*, Syst. Nat. (éd. x), p. 681, 1758.

Espèce très commune.

CARDIUM EXIGUUM.

Cardium exiguum, *Gmelin*, Syst. Nat., p. 3255, 1789.

On le rencontre de temps en temps au milieu du sable ; petites plages sablonneuses au-dessus de Port-Breton. C'est le cardium pygmæum de Forbes and Hanley.

CARDIUM PAPILLOSUM.

Cardium papillosum, *Poli*, Test. utr. Sicil., II, p. 56, t. xvi, fig. 2-4, 1791.

Assez rare, avec le précédent.

CARDIUM FASCIATUM.

Cardium fasciatum, *Montagu*, Test. Brit. Suppl., p. 30, t. xxvii, fig. 6, 1808. Édit. Chenu, p. 275, t. xi, fig. 4, 1846.

Se trouve avec les précédents.

CARDIUM NODOSUM.

Cardium nodosum, *Turton*, Dithyra Brit., p. 186, pl. xiii, fig. 8, 1822.

Cette espèce facile à confondre avec de jeunes échantillons du Cardium edule est assez rare à l'île d'Yeu. Elle est parfois colorée en rose et constitue le Cardium roseum de Lamarck.

CARDIUM NORVEGICUM.

Cardium Norvegicum, *Spengler*, Skrift. naturh. selsk., I, p. 42, 1783.

Vit loin de la côte à une grande profondeur; çà et là des valves isolées sont rencontrées sur le rivage.

CARDITIDÆ.

CYAMIUM.

CYAMIUM MINUTUM.

Venus minuta, *Fabricius,* Faune Groenl., p. 412, 1780.
Cyamium minutum, *Jeffreys*, Brit. Conch., II, p. 260, 1863, et V, pl. XXXIII, fig. 5, 1869.

Jeffreys range ce genre anormal dans la famille des Carditidæ; les Cyamium vivent à l'île d'Yeu parmi les plantes marines et sur les fonds sableux.

KELLIIDÆ.

LEPTON.

LEPTON NITIDUM.

Lepton nitidum, *Turton*, Dith. Brit., p. 63, 1822.

Cette petite espèce assez rare a tout à fait l'aspect d'une Pisidie. Elle vit à une assez grande profondeur parmi les plantes marines au milieu desquelles sa petite taille peut facilement la laisser passer inaperçue.

MONTACUTA.

MONTACUTA FERRUGINOSA.

Mya ferruginosa, *Montagu*, Test. Brit., Supp., p. 22, tab. xxvi, fig. 2, 1808.
Montacuta ferruginosa, *Forbes and Hanley*, Brit. Moll., II, p. 72, pl. xviii, fig. 5, 5 a. et 5 b. (comme M. ferruginea), 1853.

Rare parmi les algues.

LASŒA.

LASŒA RUBRA.

Cardium rubrum, *Montagu*, Test. Brit., p. 83, 1803.
Lasœa rubra, *Jeffreys*, Brit. Conch., II, p. 219, 1863, et V, pl. xxxii, fig. 2, 1869.

Assez répandue sur toute la côte parmi les plantes marines.

LUCINIDÆ.

LUCINA.

LUCINA LACTEA.

Tellina lactea, *Linnæus*, Syst. Nat. (éd. x), p. 676, 1758.
Lucina lactea, *Lamarck*, An. s. vert. éd. Deshayes, t. VI, p. 228, 1835.

Quelques auteurs suivant les idées de Poli séparent en deux le genre Lucina ; ils décrivent sous le nom de Loripes les coquilles dont le ligament est tout à fait interne ; une légère différence anatomique dans le pied de ces mollusques vient à l'appui de leur manière de voir, mais pour Deshayes ces caractères sont insuffisants pour motiver la division du genre Lucina.

Cette espèce est commune sur toutes les plages. La pointe du Corbeau.

LUCINA BOREALIS.

Venus borealis, *Gmelin*, Syst. Nat., p. 3285, 1789.
Lucina borealis, *Forbes and Hanley*, Brit. Moll., II, p. 46, pl. xxxv, fig. 5, 1853.

Vit parmi le sable ; plus rare que la précédente.

LUCINA DIVARICATA.

Tellina divaricata, *Linnæus*, Syst. Nat. (éd. x), p. 677, 1758.
Lucina divaricata, *Forbes and Hanley*, Brit. Moll., II, p. 52, pl. xxxv, fig. 3, 1853.

Assez commune.

AXINUS.

AXINUS FLEXUOSUS.

Tellina flexuosa, *Montagu*, Test. Brit., p. 72, 1803.
Axinus flexuosus, *Jeffreys*, Brit. Conch., II, p. 247, 1863, et V, pl. xxxiii, fig. 1, 1 a, 1869.

Espèce rare à l'île d'Yeu.

NUCULIDÆ.

NUCULA.

NUCULA NUCLEUS.

Arca nucleus, *Linnæus*, Syst. Nat. (éd. x), p. 695, 1758.
Nucula nucleus, *Forbes and Hanley*, Brit. Moll., II, p. 215, pl. XLVII, fig. 4-5, 1853.

Commune sur les plages.

NUCULA NITIDA.

Nucula nitida, *Sowerby*, Conch. III (Nucula), p. 5, fig. 20.
Nucula nitida, *Forbes and Hanley*, Brit. Moll., II, p. 218, pl. XLVII, fig. 9, 1853.

Assez rare.

ARCIDÆ.

PECTUNCULUS.

PECTUNCULUS GLYCYMERIS.

Arca glycymeris, *Linnæus*, Syst. Nat. (éd. x), p. 695, 1758.
Pectunculus glycymeris, *Lamarck*, An. s. vert., VI, p. 47, 1817.

Dragué assez loin de la côte et rapporté par les pêcheurs.

ARCA.

ARCA LACTEA.

Arca lactea, *Linnæus*, Syst. Nat. (éd. x), p. 694, 1758.

Vit assez profondément sur toute la côte; rejetée sur les plages. Payraudeau a décrit sous le nom d'Arca Gaimardi une variété quadrangulaire de cette espèce que l'on trouve aussi à l'île d'Yeu.

MYTILIDÆ.

MYTILUS.

MYTILUS EDULIS.

Mytilus edulis, *Linnæus*, Syst. Nat. (éd. x), p. 705, 1758.

Très commune sur la côte occidentale et sur les rochers.

MODIOLA.

MODOLIA BARBATA.

Mytilus barbatus, *Linnæus*, Syst. Nat. (éd. x), p. 705, 1758.

Modiola barbata, *Lamarck*, An. s. vert., 2e éd., t. VII, p. 22, 1836.

Modiola barbata, *Forbes and Hanley*, Brit. Moll., p. 190, pl. XLIV, fig. 4, 1853.

Assez commun sur les fonds rocheux et vaseux.

MODIOLA ADRIATICA.

Modiola Adriatica, *Lamarck*, An. s. vert., VI, p. 112, 1819.

Peu répandue sur les fonds sableux.

AVICULIDÆ.

PINNA.

PINNA RUDIS.

Pinna rudis, *Linnæus*, Syst. Nat. (éd. XII), p. 1159, excl. patriâ, 1767.

Cette espèce qui vit loin des côtes est rapportée par les pêcheurs au chalut. Certains auteurs la désignent sous le nom de Pinna pectinata, mais, suivant Jeffreys, le Pinna pectinata de Linnæus serait une espèce indienne.

AVICULA.

AVICULA HIRUNDO.

Mytilus hirundo, *Linnæus*, Syst. nat. (éd. X), p. 706, 1758.

Avicula hirundo, *Jeffreys*, Brit. Conch., II, p. 95, 1863, et V, pl. XXV, fig. 6, 1869.

Appelée aussi Avicula tarentina elle vit en groupes agglomérés dans les parages de l'île d'Yeu et à une grande profondeur.

PECTINIDÆ.

PECTEN.

PECTEN MAXIMUS.

Ostrea maxima, *Linnæus*, Syst. Nat. (éd. x), p. 696, 1758.

Pecten maximus, *Pennant*, Brit. Zool. (éd. iv), vol. IV, p. 99, pl. LIX, fig. 61, 1777.

Assez commun dans les eaux profondes.

PECTEN OPERCULARIS.

Ostrea opercularis, *Linnæus*, Syst. Nat. (éd. x), p. 698, 1758.

Pecten opercularis, *Chemnitz*, Conch. cab., VII, p. 341, pl. LXVII, fig. 646, 1784.

Assez rare à une certaine distance de la côte.

PECTEN VARIUS.

Ostrea varia. *Linnæus*, Syst. Nat. (éd. x), p. 698, 1758.

Pecten varius, *Chemnitz*, Conch. cab., VII, p. 331, pl. LXVI, fig. 633-634, 1784.

Plus commun que les précédents avec lesquels on le trouve souvent.

PECTEN PUSIO.

Ostrea pusio, *Linnæus*, Syst. Nat. (éd. x), p. 698, 1758.

Pecten pusio, *Forbes and Hanley*, Brit. Moll., II, p. 278, pl. L, fig. 4-5, 1853.

Espèce rare rejetée de temps en temps sur les plages.

ANOMIIDÆ.

ANOMIA.

ANOMIA EPHIPPIUM.

Anomia ephippium, *Linnæus*, Syst. Nat. (éd. x), p. 701, 1758.

Vit tout le long de la côte fixée aux rochers ou à d'autres corps durs.

OSTREIDÆ.

OSTREA.

OSTREA EDULIS.

Ostrea edulis, *Linnæus*, Syst. Nat. (éd. x), p. 699, 1758.

Çà et là sur tout le littoral.

SOLENOCONCHIA.

DENTALIDÆ.

DENTALIUM.

DENTALIUM ENTALIS.

Dentalium entalis, *Linnæus*, Syst. Nat. (éd. x), p. 785, 1758.

Commun dans le sable.

DENTALIUM TARENTINUM.

Dentalium tarentinum, *Lamarck*, An. s. vert., V, p. 345, 1818.

Avec le précédent, mais plus rare.

MOLLUSCA GASTEROPODA

CHITONIDÆ.

CHITON.

CHITON FASCICULARIS.

Chiton fascicularis, *Gmelin*, Syst. Nat., p. 3202, 1789.

La côte occidentale de l'île, sur les rochers, sous les algues.

CHITON DISCREPANS.

Chiton discrepans, *Brown*, Ill, Conch., p. 65, pl. XXI, fig. 20, 1827.

Avec le précédent ; rochers voisins du vieux château.

CHITON MARGINATUS.

Chiton marginatus, *Pennant*, Brit. Zool., IV, p. 71, pl. XXXVI, fig. 2, 1777.

Sur les rochers.

PATELLIDÆ.

PATELLA.

PATELLA VULGATA.

Patella vulgata, *Linnæus*, Syst. Nat. (éd. X), p. 782, 1758.

Se trouve fixé en abondance sur tous les rochers.

Cette espèce présente différentes formes et diverses colorations ; on trouve à l'île d'Yeu une jolie variété à lignes rouges divergentes partant du sommet et s'irradiant sur toute la surface de la coquille dont le fond est d'un jaune plus ou moins foncé.

Varietas cœrulœa, *Jeffreys*, Brit. Conch., III, p. 237.
Avec le type.

HELCION.

HELCION PELLUCIDUM.

Patella pellucida, *Linnæus,* Syst. Nat. (éd. x), p. 783, 1758.
Helcion pellucidum, *Jeffreys*, Brit. Conch., III, p. 242, 1865, et V, pl. LVIII, fig. 1, 1869.

Assez commun sur toute la côte, parmi les plantes marines. On le trouve aussi dans les sables rejetés sur la côte.

Varietas lævis, *Jeffreys*, Brit. Conch., III, p. 243, 1865, et V, pl. LVIII, fig. 1, 1869.

C'est le Patella lævis de Pennant. Avec le type. Le Patella bimaculata de Montagu est un Helcion très jeune.

TECTURA.

TECTURA VIRGINEA.

Patella virginea, *Müller,* Prodr. Zool. Dan., p. 237, 1776.
Tectura virginea, *Jeffreys*, Brit. Conch., III, p. 248, 1865, et V, pl. LVIII, fig. 4, 1869.

Vit sur tout le littoral, fixée aux pierres, aux rochers, parmi les algues.

FISSURELLIDÆ.

FISSURELLA.

FISSURELLA GRÆCA.

Patella græca, *Linnæus*, Syst. Nat. (éd. x), p. 784, 1758.
Fissurella græca, *Lamarck*, An. s. vert., VI (2e partie), p. 11, 1822.

Nous avons trouvé avec la coquille adulte ces échantillons plus jeunes, semblables aux Rimula, sur lesquels Jeffreys et Cailliaud ont appelé l'attention des conchyliologues. Suivant Cailliaud le mollusque en grandissant se débarrasse du sommet de sa coquille au moyen de la liqueur acidulée qu'il secrète.

CALYPTRŒIDÆ.

CALYPTRŒA.

CALYPTRŒA CHINENSIS.

Patella chinensis, *Linnæus*, Syst. Nat. (éd. x), p. 781, 1758.
Calyptrœa chinensis, *Jeffreys*, Brit. Conch., III, p. 273, 1865, et V, pl. LX, fig. 1, 1 a, 1869.

Vit fixée sur les rochers, les débris; souvent rejetée sur les plages.

TROCHIDÆ.

PHASIANELLA.

PHASIANELLA PULLA.

Turbo pullus, *Linnæus,* Syst. Nat. (éd. x), p. 761, 1758.
Phasianella pulla, *Jeffreys*, Brit. Conch., IV, p. 338, 1867, et V, pl. LXIV, fig. 1, 1869.

Répandue sur toute la côte avec ses différentes colorations qui varient du rose le plus tendre au brun chocolat.

TROCHUS.

TROCHUS ZIZYPHINUS.

Trochus zizyphinus, *Linnæus*, Syst. Nat. (éd. x), p. 759, 1758.

Commun sur tout le littoral. Pointe du Corbeau.

TROCHUS MAGUS.

Trochus magus, *Linnæus*, Syst. Nat. (éd. x), p. 757, 1758.

Vit sur les rochers, parmi les plantes marines. Assez commun.

TROCHUS LINEATUS.

Turbo lineatus, *Da Costa*, Brit Conch., p. 100, tab. VI, fig. 7, 1778.
Trochus lineatus, *Forbes and Hanley,* Brit. Moll., II, p. 525, pl. LXV, fig. 4-5 (as Tr. crassus), 1853.

Commun sur toute la côte ; les rochers à l'ouest de l'île, non loin du vieux château, en sont couverts.

TROCHUS CINERARIUS.

Trochus cinerarius, *Linnæus*, Syst. Nat. (éd. x), p. 758, 1758.

Tous les rochers de la côte.

TROCHUS UMBILICATUS.

Natica umbilicata, *Montagu,* Test. Brit., p. 286, 1803.
Trochus umbilicatus, *Maton et Rackett*, Trans. linn. Lond., tab. VIII, p. 153, 1807.

Avec le précédent.

TROCHUS MONTACUTI.

Trochus Montagui, *Wood,* Ind. Test. Suppl., pl. VI, fig. 43.
Trochus Montacuti, *Jeffreys*, Brit. Conch., III, p. 320, 1865, et V, pl. LXIII, fig. 1, 1869.

Assez rare ; rejeté sur les plages.

TROCHUS TUMIDUS.

Trochus tumidus, *Montagu,* Test. Brit., p. 280, tab. x, fig. 4-4, 1803.

Peu commun parmi les sables.

TROCHUS EXASPERATUS.

Trochus exasperatus, *Pennant*, Brit. Zool., IV, p. 126, 1777.

Rare. Anses sablonneuses près de Port-Breton.

TROCHUS DUMINYI.

Delphinula Duminyi, *Requien*, Cat. Cors., p. 64, 1848.
Trochus Duminyi, *Jeffreys*, Brit. Conch., III, p. 315, 1865, et V, pl. LXII, fig. 5, 1869.

Très rare dans les sables coquilliers près de Port-Breton.

Les auteurs ne sont pas d'accord sur le genre auquel on doit rapporter cette espèce ; Jeffreys la range parmi les Trochus et fait remarquer dans le supplément du Ve volume de sa Conchyliologie que cette coquille ayant été nommée par Cantraine Solarium Philippii, le nom spécifique de Philippii aurait sur celui de Duminyi le privilège de l'antériorité. Mentionnée comme fossile par Philippi dans son ouvrage sur les Deux-Siciles sous le nom de Valvata striata, elle est indiquée dans la Méditerranée par M. Allery de Monterosato sous le nom de Circulus striatus.

HALIOTIDÆ.

HALIOTIS.

HALIOTIS TUBERCULATA.

Haliotis tuberculata, *Linnæus*, Syst. Nat. (éd. x), p. 780, 1758.

Vit fixée aux rochers, assez loin de la côte.

LITTORINIDÆ.

LACUNA.

LACUNA DIVARICATA.

Trochus divaricatus, *Fabricius*, Faun. Groenl., p. 392, 1780.

Lacuna divaricata, *Jeffreys*, Brit. Conch., III, p. 346, 1867, et V, pl. LXIV, fig. 3, 1869.

Nommée aussi Lacuna vincta, cette coquille vit sur toute la côte parmi les hydrophytes. On la trouve fréquemment roulée dans le sable.

LACUNA PUTEOLUS.

Turbo puteolus, *Turton*, Conch. dict., p. 193, 1819.
Lacuna puteolus, *Forbes and Hanley*, Brit. Moll., III, p. 58, pl. LXXII, fig. 7-9, 1853.

Vit sur les plantes marines.

LACUNA PALLIDULA.

Nerita pallidula, *Da Costa*, Brit. Conch., p. 51, tab. IV, fig. 45, 1778.
Lacuna pallidula, *Forbes and Hanley*, Brit. Moll., III, p. 56, pl. LII, fig. 1-2, 1853.

Avec les précédentes.

LITTORINA.

LITTORINA RUDIS.

Turbo rudis, *Donovan*, Brit. shells, I, pl. XXXIII, fig. 3, 1804.
Littorina rudis, *Forbes and Hanley*, Brit. Moll., III, p. 32, pl. LXXXIII, fig. 1-7, 1853.

Sur les rochers.

LITTORINA LITTOREA.

Turbo littoreus, *Linnæus*, Syst. Nat. (éd. X), p. 761, 1758.

Littorina littoréa, *Forbes and Hanley*, Brit. Moll., III, p. 29, pl. LXXXIII, fig. 7-8, 1853.

Très commune sur toute la côte.

LITTORINA NERITOIDES.

Turbo neritoides, *Linnæus,* Syst. Nat. (éd. x), p. 761, 1758.

Littorina neritoides, *Forbes and Hanley*, Brit. Moll., III, p. 26, pl. LXXXIV, fig. 1-2, 1853.

Un peu plus rare que les précédentes.

LITTORINA OBTUSATA.

Turbo obtusatus, *Linnæus,* Syst. nat. (éd. x), p. 761, 1758.

Littorina obtusata, *Chenu,* Man. Conch., I, p. 300, fig. 2095, 1859.

Très commune sur les rochers. On trouve à l'île d'Yeu une variété très élégante de cette espèce présentant des lignes rouges régulières ou en zigzag sur un fond d'un beau jaune.

Nous avons trouvé parmi le sable la variété scalariforme mentionnée par Jeffreys, et remarquable par sa suture largement et profondément excavée.

RISSOIDÆ.

RISSOA.

RISSOA LACTEA.

Rissoa lactea, *Michaud*, Descr. esp. Riss., p. 9, fig. 11-12, 1832.

Vit sur les plantes marines ; assez commune dans les sables au-dessus de Port-Breton.

RISSOA COSTATA.

Turbo costatus, *Adams,* in Tr. Linn. Soc., III, p. 65, t. XIII, fig. 13-14, 1797.
Rissoa costata, *Forbes and Hanley*, Brit. Moll., III, p. 92, pl. LXXVIII, fig. 6-7, 1853.

Sables coquilliers au milieu des rochers. Commune.

RISSOA PARVA.

Turbo parvus, *Da Costa,* Brit. Conch., p. 104, 1778.
Rissoa parva, *Gray,* in Proced. Zool. Lond., p. 116, 1833.

Très commune sur toutes les plages.

Varietas interrupta, *Jeffreys*, Brit. Conch., IV, p, 24, 1867, et V, pl. LXVII, fig. 4, 1869.

C'est le Turbo interruptus d'Adams. Plus rare que le type.

RISSOA MEMBRANACEA.

Turbo membranaceus, *Adams,* in Tr. Linn. Soc., V, p. 2, t. I, fig. 12-13, 1797.
Rissoa membranacea, *Jeffreys,* Brit. Conch., IV, p. 30, 1867, et V, pl. LXVII, fig. 8, 1869.

Assez commune dans les sables. Pointe du Corbeau. Cette coquille est appelée Rissoa labiosa par Forbes et Hanley.

RISSOA VIOLACEA.

Rissoa violacea, *Desmarest*, in Bull. sc. soc. phil., Paris, p. 8, pl. I, fig. 7, 1814.

Commune avec les autres Rissoas.

RISSOA COSTULATA.

Rissoa costulata, *Alder*, Ann. and. Mag. N. H., XIII, p. 324, pl. VIII, fig. 8-9, 1851.

Avec les précédentes.

RISSOA STRIATA.

Turbo striatus, *Adams*, Tr. Linn. Soc., III, p. 66, t. XIII, fig. 25-26, 1797.
Rissoa striata, *Forbes and Hanley*, Brit. Moll., III, p. 94, pl. LXXVIII, fig. 8-9, 1853.

Pas très commune.

RISSOA SEMISTRIATA.

Turbo semistriatus, *Montagu*, Test. Brit. Suppl., p. 136, 1808.
Rissoa semistriata, *Forbes and Hanley*, Brit. Moll., III, p. 117, pl. LXXX, fig. 4-7, 1853.

Vit avec les autres Rissoas.

RISSOA INCONSPICUA.

Rissoa inconspicua, *Alder*, in Ann. and Mag. N. H., XIII, p. 323, pl. VIII, fig. 6-7, 1851.

Peu commune à l'île d'Yeu.

RISSOA PROXIMA.

Rissoa proxima (Alder), *Forbes and Hanley*, Brit. Moll., III, p. 127, pl. LXXV, fig. 7-8, 1853.

Très rare ; sables coquilliers au-dessus de Port-Breton.

RISSOA VITREA.

Turbo vitreus, *Montagu*, Test. Brit., p. 321, t. XII, fig. 3, 1803.

Rissoa vitrea, *Forbes and Hanley*, III, p. 125, pl. LXXV, fig. 5-6, 1853.

Très rare avec le Rissoa proxima.

RISSOA CINGILLUS.

Turbo cingillus, *Montagu*, Test. Brit., p. 328, t. XII, fig. 7, 1803.
Rissoa cingillus, *Forbes and Hanley*, Brit. Moll., III, p. 122, pl. LXXIX, fig. 9-10, 1853.

Assez commune dans les sables; on en trouve de très beaux échantillons.

BARLEIA.

BARLEIA RUBRA.

Turbo ruber, *Montagu*, Test. Brit., p. 320, 1803.
Barleia rubra, *Jeffreys*, Brit. Conch., IV, p. 56, 1867, et V, pl. LXIX, fig. 4, 1869.

Commune dans le sable.

Varietas unifasciata, *Jeffreys*, Brit. Conch., IV, p. 57, 1867.

Cette espèce a été décrite par Montagu sous le nom de Turbo unifasciatus ; avec la précédente, mais plus rare.

SKENEIDÆ.

SKENEA.

SKENEA PLANORBIS.

Turbo planorbis, *Fabricius*, Faun. Groenl., p. 394, 1780.

Skenea planorbis, *Forbes and Hanley*, Brit. Moll., III, p. 156, pl. LXXIV, fig. 1-3, 1853.

On la trouve le long des anses sablonneuses de la côte.

HOMALOGYRA.

HOMALOGYRA ATOMUS.

Truncatella atomus, *Philippi*, in Wichmann's Archiv. (1841), p. 54, t. V, fig. 4.
Homalogyra atomus, *Jeffreys*, Brit. Conch., IV, p. 69, 1867, et V, pl. LXX, fig. 2, 1869.

Elle vit à la partie supérieure de la zone des Laminaires ; assez répandue.

SOLARIIDÆ.

ADEORBIS.

ADEORBIS SUBCARINATUS.

Helix subcarinata, *Montagu*, Test. Brit., p. 438, t. VII, fig. 9, 1803.
Adeorbis subcarinatus, *Jeffreys*, Brit. Conch., IV, p. 231, 1867, et V, pl. LXXIX, fig. 1, 1869.

Çà et là parmi le sable rejeté sur les plages.

TURRITELLIDÆ.

TURRITELLA.

TURRITELLA TEREBRA.

Turbo terebra, *Linnæus*, Syst. Nat. (éd. x), p. 766, 1758.

Turritella terebra, *Lamarck,* An. s. vert., VII, p. 56, 1822.

Assez commun.

SCALARIDÆ.

SCALARIA.

SCALARIA COMMUNIS.

Scalaria communis, *Lamarck*, An. s. vert., VI (2), p. 228, 1822.

Vit sur les plages profondes. Pointe du Corbeau.

SCALARIA TURTONÆ.

Turbo Turtonis, *Turton,* Conch. Dict., p. 208, fig. 97, 1819.

Scalaria Turtonæ, *Jeffreys*, Brit. Conch., IV, p. 89, 1867, et V, pl. LXXI, fig. 2, 1869.

Rare, avec la précédente. Weinkauf dans le second volume des coquilles de la Méditerranée propose de rendre à cette coquille le nom de Scalaria tenuicostata qui lui avait été imposé par Michaud.

SCALARIA PSEUDOSCALARIS.

Turbo pseudoscalaris, *Brocchi*, Conch. foss. subap., II, p. 379, t. VII, fig. 1, 1814.

Scalaria pseudoscalaris, *Weinkauf*, Conch. des Mittelsm., II, p. 236, 1868.

Cette espèce méditerranéenne est très rare sur les côtes de l'Atlantique, nous l'avons trouvée sur une petite plage au-dessus de Port-Breton.

PYRAMIDELLIDÆ.

ODOSTOMIA.

Le genre Odostomia est largement représenté à l'île d'Yeu ; nous y avons rencontré une douzaine des espèces qui le constituent et nous sommes persuadé que de nouvelles recherches parmi les sables coquilliers grossiraient certainement ce nombre.

Ce genre a été divisé en différentes sections : (Turbonilla, Eulimella, Auriculina, Noemia,) nous suivrons l'ordre adopté par Jeffreys dans le British Conchology.

ODOSTOMIA ALBELLA.

Turbonilla albella, *Loven*, Index Moll. Scand., p. 19, 1846.
Odostomia albella, *Jeffreys*, Brit. Conch., IV, p. 121, 1867, et V, pl. LXXIII, fig. 3, 1869.

Sables non loin de Port-Breton.

ODOSTOMIA RISSOIDES.

Odostomia rissoides, *Hanley*, in Proced. Zool. Soc., pt. XII, p. 18.
Odostomia rissoides, *Jeffreys*, Brit. Conch., IV, p. 122, 1067, et V, pl. LXXIII, fig. 4, 1869.

Parmi le sable.

ODOSTOMIA PALLIDA.

Turbo pallidus, *Montagu*, Test. Brit., p. 325, 1803.
Odostomia pallida, *Jeffreys*, Brit. Conch., IV, p. 124, 1867, et V, pl. LXXIII, fig. 5, 1869.

Avec les autres odostomia. Forbes and Hanley donnent à cette espèce le nom d'Odost. eulimoides ; pour Jeffreys on ne saurait douter qu'elle ne soit le Turbo pallidus de Montagu, car quoique cet auteur décrive l'espèce qui nous occupe comme dépourvue de dent, il revient dans le supplément de son ouvrage sur cette première description et note expressément la dent ou pli allongé qu'elle porte sur la columelle aussi bien que les Odostomia spiralis, unidentata, etc...

ODOSTOMIA ACUTA.

Odostomia acuta, *Jeffreys*, in Ann. and Mag. N. H., 2e sér. II, p. 338.

Parmi le sable coquillier.

ODOSTOMIA UNIDENTATA.

Turbo unidentatus, *Montagu*, Test. Brit., p. 324, 1803.
Odostomia unidentata, *Forbes and Hanley*, Brit. Moll., III, p. 264, pl. xcv, fig. 7-8, 1853.

Suivant Jeffreys cette coquille est souvent confondue avec l'Odostomia pallida.

ODOSTOMIA TURRITA.

Odostomia turrita, *Hanley*, in Proc. Zool. Soc. pt. xii, p. 18.

Assez commune.

ODOSTOMIA INSCULPTA.

Turbo insculptus, *Montagu*, Test. Brit. Suppl., p. 129, 1808.

Odostomia insculpta. *Forbes and Hanley*, Brit. Moll., III, p. 289, pl. xcvi, fig. 6, 1853.

Jolie espèce trouvée rarement sur les côtes de France.

ODOSTOMIA DIAPHANA.

Odostomia diaphana, *Jeffreys*, in Ann. and Mag. N. H., 2nd ser. II, p. 341.

Très rare; sables entre les rochers au-dessus de Port-Breton.

ODOSTOMIA DOLIOLIFORMIS.

Odostomia dolioliformis, *Jeffreys*, in Ann. and Mag. N. H. 2nd ser. II, p. 342.

Rare.

ODOSTOMIA INTERSTINCTA.

Turbo interstinctus, *Montagu*, Test. Brit., p. 324, t. xii, fig. 10, 1803.
Odostomia interstincta, *Forbes and Hanley*, Brit. Moll., III, p. 296, pl. xcvii, fig. 1, 1853.

Trouvée de temps en temps parmi le sable.

ODOSTOMIA EXCAVATA.

Rissoa excavata, *Philippi*, Moll. Sicil., I, p. 153, tab. x, fig. 6, 1836.
Odostomia excavata, *Forbes and Hanley*, Brit. Moll., III, p. 305, pl. xcvii, fig. 3-4, 1853.

Très rare avec la précédente.

ODOSTOMIA SPIRALIS.

Turbo spiralis, *Montagu*, Test. Brit., p. 323, t. XII, fig 9, 1803.
Odostomia spiralis, *Forbes and Hanley*, Brit. Moll., p. 299, pl. XCVII, fig. 2, 1853.

C'est la plus commune des Odostomias de l'île d'Yeu.

ODOSTOMIA LACTEA.

Turbo lacteus, *Linnæus*, Syst. Nat. (éd. X), p. 765, 1758.
Odostomia lactea, *Jeffreys*, Brit. Conch., IV, p. 164, 1867, et V, pl. LXXVI, fig. 3, 1869.

Assez commune. Weinkauf n'est pas convaincu que cette espèce soit bien le Turbo lacteus de Linnæus ; elle a aussi été décrite par Montagu sous le nom de Turbo elegantissimus.

EULIMIDÆ.

EULIMA.

EULIMA SUBULATA.

Turbo subulatus, *Donovan*, Brit. sh., pl. CLXXII, 1804.
Eulima subulata, *Forbes and Hanley*, Brit. Moll., III, p. 235, pl. XCII, fig. 7-8, 1853.

Dans les sables parmi de nombreuses Rissoas, au-dessus de Port-Breton.

EULIMA POLITA.

Turbo politus, *Linnæus*, Syst. Nat. (éd. X), p. 767, 1758.

Eulima polita, *Forbes and Hanley*, Brit. Moll., III, p. 229, pl. xcii, fig. 1-2, 1853.

Très rare dans les sables.

NATICIDÆ.

NATICA.

NATICA CATENA.

Cochlea catena, *Da Costa*, Brit. Conch., p. 83, t. V, fig. 7, 1778.

Natica catena, *Jeffreys*, Brit. Conch., IV, p. 220, 1867, et V, pl. LXXVIII, fig. 4, 1869.

Baies sablonneuses de la côte orientale.

NATICA ALDERI.

Natica Alderi, *Forbes*, Mal. Mon., p. 31, pl. II, fig. 6-7, 1838.

Plus rare que la précédente.

VELUTINIDÆ.

LAMELLARIA.

LAMELLARIA PERSPICUA.

Helix perspicua, *Linnæus*, Syst. Nat. (éd. x), p. 775, 1758.

Lamellaria perspicua, *Forbes and Hanley*, Brit. Moll., III, p. 355, pl. xcix, fig. 8-9, 1853.

Vit parmi les plantes marines. Suivant Jeffreys le Laminaria tentaculata serait un des sexes de cette espèce.

APORRHAIDÆ.

APORRHAIS.

APORRHAIS PES PELECANI.

Strombus pes pelecani, *Linnæus*, Syst. Nat. (éd. x), p. 742, 1758.
Aporrhaïs pes pelecani, *Forbes and Hanley*, Brit. Moll., III, p. 189, pl. LXXXIX, fig. 4, 1853.

Vit à des profondeurs variables ; rejeté sur la côte.

CERITHIIDÆ.

CERITHIUM.

CERITHIUM RETICULATUM.

Strombiformis reticulatus, *Da Costa*, Conch. Brit., p. 117, pl. VIII, fig. 3, 1778.
Cerithium reticulatum, *Forbes and Hanley*, Brit. Moll., III, p. 192, pl. XCI, fig. 1-2, 1853.

Très commun sur toutes les plages.

CERITHIUM PERVERSUM.

Trochus perversus, *Linnæus*, Syst. Nat. (éd. x), p. 760, 1758.
Cerithium perversum, *Jeffreys*, Brit. Conch., IV, p. 261, 1867, et V, pl. LXXX, fig. 5, 1869.

Très rare ; avec le précédent.

BUCCINIDÆ.

PURPURA.

PURPURA LAPILLUS.

Buccinum lapillus, *Linnæus*, Syst. Nat. (éd. x), p. 739, 1758.
Purpura lapillus, *Lamarck*, An. s. vert., VII, p. 244, 1822.

Commun sur les rochers et parmi le sable.

Varietas imbricata de Jeffreys. (Purpura imbricata, *Lamarck*, An. s. vert., VII, p. 244, 1822.) Avec le type. Sur certains points des côtes françaises les rochers qui se découvrent à marée basse sont couverts de coquilles appartenant à cette variété.

BUCCINUM.

BUCCINUM UNDATUM.

Buccinum undatum, *Linnæus*, Syst. Nat. (éd. xii), p. 1204, 1767.

Sur les plages. Cette espèce qui vit à une assez grande profondeur est souvent rapportée par les pêcheurs à la drague.

MURICIDÆ.

TRITON.

TRITON CUTACEUS.

Murex cutaceus, *Linnæus*, Syst. Nat. (éd. xii), p. 1217, 1767.

Triton cutaceus, *Jeffreys*, Brit. Conch., IV, p. 303, 1867, et V, pl. LXXXIII, fig. 4, 1869.

Rare. Rapporté par les pêcheurs.

MUREX.

MUREX ERINACEUS.

Murex erinaceus, *Linnæus*, Syst. Nat. (éd. x), p. 748, 1758.

Commun sur les plages et parmi les rochers.

TROPHON.

TROPHON MURICATUS.

Murex muricatus, *Montagu*, Test. Brit., p. 262, tab. IX, fig. 2, 1803.
Trophon muricatus, *Forbes and Hanley*, Brit. Moll., III, p. 439, pl. CXI, fig. 3-4, 1853.

Coquille rare, vivant profondément.

NASSIDÆ

NASSA.

NASSA RETICULATA.

Buccinum reticulatum, *Linnæus*, Syst. Nat. (éd. x), p. 740, 1758.
Nassa reticulata, *Fleming*, Brit. anim. p. 340, 1828.

Commune sur toute la côte.

NASSA NITIDA.

Nassa nitida, *Jeffreys*, Brit. Conch., IV, p. 349, 1867, et V, pl. LXXXVII, fig. 4, 1869.

Avec la précédente, mais plus rare.

NASSA INCRASSATA.

Buccinum incrassatum, *Müller*, Prod. Zool. Dan., p. 244, 1776.

Nassa incrassata, *Fleming*, Brit. anim., p. 340 (non var.), 1828.

Très commune.

NASSA PYGMÆA.

Ranella pygmæa, *Lamarck*, An. s. vert., V, p. 154, 1818.

Nassa pygmæa, *Forbes and Hanley*, Brit. Moll., III, p. 394, pl. CVIII, fig. 3-6, 1853.

Commune avec les autres Nassas.

PLEUROTOMIDÆ.

DEFRANCIA.

DEFRANCIA TERES.

Pleurotoma teres, *Forbes*, in Ann. and Mag. N. H., XIV, p. 412, pl. II, fig. 3.

Defrancia teres, *Jeffreys*, Brit. Conch., IV, p. 362, 1867, et V, pl. LXXXVIII, fig. 5, 1869.

Vit assez profondément sur les fonds sablonneux.

DEFRANCIA GRACILIS.

Murex gracilis, *Montagu*, Test. Brit., p. 267, t. xv, fig. 5, 1803.
Defrancia gracilis, *Jeffreys*, Brit. Conch., IV, p. 363, 1867, et V, pl. LXXXVIII, 1869.

Assez rare ; côte orientale de l'île.

DEFRANCIA LINEARIS.

Murex linearis, *Montagu*, Test. Brit., p. 261, t. IX, fig. 4, 1803.
Defrancia linearis, *Jeffreys*, Brit. Conch., IV, p. 368, 1867, et V, pl. LXXXIX, fig. 2, 1869.

A des profondeurs variables.

DEFRANCIA RETICULATA.

Murex reticulatus, *Renier*, Tav. alfab, delle conch. Adr. p. 2, 1804.
Defrancia reticulata, *Jeffreys*, Brit. Conch., IV, p. 370, 1867, et V, pl. LXXXIX, fig. 3, 1869.

Côte orientale.

DEFRANCIA PURPUREA.

Murex purpureus, *Montagu*, Test. Brit., p. 260, t. IX, fig. 3, 1803.
Defrancia purpurea, *Jeffreys*, Brit. Conch., IV, p. 373, 1867, et V, pl. LXXXIX, fig. 5, 1869.

Peu commun.

PLEUROTOMA.

PLEUROTOMA STRIOLATA.

Pleurotoma striolatum, *Philippi*, Mol. Sicil., II, p. 168, t. xxvi, fig. 7, 1844.
Pleurotoma striolata, *Jeffreys*, Brit. Conch., IV, p. 376, 1867, et V, pl. xc, fig. 1, 1869.

Le long de la côte orientale.

PLEUROTOMA ATTENUATA.

Murex attenuatus, *Montagu*, Test. Brit., p. 266, t. ix, fig. 6, 1803.
Pleurotoma attenuata, *Jeffreys*, Brit. Conch., IV, p. 377, 1867, et V, pl. xc, fig. 2, 1869.

Avec le précédent, mais plus rare.

PLEUROTOMA COSTATA.

Murex costatus, *Donovan*, Brit. sh., III, pl. xci, 1801.
Pleurotoma costata, *Jeffreys*, Brit. Conch., IV, p. 379, 1867, et V, pl. xc, fig. 3, 1869.

Çà et là sur le sable et parmi les plantes marines. Rejeté dans les sables coquilliers.

PLEUROTOMA NEBULA.

Murex nebulus, *Montagu*, Test. Brit., p. 267, t. xv, fig. 6, 1803.
Pleurotoma nebula, *Jeffreys*, Brit. Conch., IV, p. 384, 1867, et V, pl. xci, fig. 1, 1869.

Assez rare.

PLEUROTOMA SEPTANGULARIS.

Murex septangularis, *Montagu*, Test. Brit., p. 260, t. IX, fig. 5, 1803.
Pleurotoma septangularis, *Jeffreys*, Brit. Conch., IV, p. 390, 1867, et V, pl. XCI, fig. 5, 1869.

Cette espèce n'est pas rare à l'île d'Yeu.

CYPRŒIDÆ.

CYPRŒA.

CYPRŒA EUROPÆA.

Cyprœa europæa, *Montagu*, Test. Brit., p. 88, 1803.

Commune sur toute la côte parmi le sable.

BULLIDÆ.

CYLICHNA.

CYLICHNA UMBILICATA.

Bulla umbilicata, *Montagu*, Test. Brit., p. 222, t. VII, fig. 4, 1803.
Cylichna umbilicata, *Forbes and Hanley*, Brit. Moll., III, p. 519, pl. CXIV, fig. 8-9, 1853.

Assez rare sur les fonds sableux. Côte orientale.

CYLICHNA CYLINDRACEA.

Bulla cylindracea, *Pennant*, Brit. Zool., IV, p. 117, t. LXX, fig. 85, 1777.

Cylichna cylindracea, *Forbes and Hanley*, Brit. Moll., III, p. 508, pl. cxiv, B, fig. 6, 1853.

Avec la précédente.

UTRICULUS.

UTRICULUS TRUNCATULUS.

Bulla truncatula, *Bruguière*, Enc. méth. (vers), VI, p. 377, n° 10, 1792.

Utriculus truncatulus, *Jeffreys*, Brit. Conch., IV, p. 421, 1867, et V, pl. xciv, fig. 2, 1869.

Commun parmi le sable.

ACERA.

ACERA BULLATA.

Akera bullata, *Müller*, Prodr. Zool. Dan., p. 242, n° 2921, 1776.

Acera bullata, *Jeffreys*, Brit. Conch., IV, p. 430, 1867, et V, pl. xcv, fig. 1, 1869.

Rapportée par les pêcheurs.

ACTŒON.

ACTŒON TORNATILIS.

Voluta tornatilis, *Linnæus*, Syst. Nat. (éd. xii), p. 1187, 1767.

Actœon tornatilis, *Jeffreys*, Brit. Conch., IV, p. 433, 1867, et V, pl. xcv, fig. 2, 1869.

Assez répandu ; non loin de Port-Breton.

BULLA.

BULLA HYDATIS

Bulla hydatis, *Linnæus*, Syst. Nat. (éd. xii), p. 1183, 1767.

Se trouve sur les plages sablonneuses de la côte orientale. Rare.

SCAPHANDER.

SCAPHANDER LIGNARIUS.

Bulla lignaria, *Linnæus*, Syst. Nat. (éd. x), p. 727, 1758.
Scaphander lignarius, *Forbes and Hanley*, Brit Moll., III, p. 536, pl, cxiv, f, fig. 3, 1853.

Rapporté du large par les pêcheurs.

PHILINE.

PHILINE SCABRA.

Bulla scabra, *Müller*, Zool. Dan., II, p. 41, t. lxxi, fig. 10-13.
Philine scabra, *Jeffreys*, Brit. Conch., IV, p. 447, 1867, et V, pl. xcvi, fig. 1, 1869.

Rare dans le sable.

PHILINE CATENA.

Bulla catena, *Montagu*, Test. Brit., p. 215, t. vii, fig. 7, 1803.

Philine catena, *Jeffreys*, Brit. Conch., IV, p. 449, 1867, et V, pl. XCVI, fig. 2, 1867.

Avec la précédente.

PHILINE APERTA.

Bulla aperta, *Linnæus*, Syst. Nat. (éd. XII), p. 1183, 1767.

Philine aperta, *Jeffreys*, Brit. Conch., IV, p. 457, 1867, et V, pl. XCVI, fig. 8, 1869.

Sur le sable.

CARICHIIDÆ.

MELAMPUS.

MELAMPUS BIDENTATUS.

Voluta bidentata, *Montagu*, Test. Brit. Suppl., p. 100, t. XXX, fig. 2, 1808.

Melampus bidentatus, *Jeffreys*, Brit. Conch., V, p. 104, pl. XCVIII, fig. 1, 1869.

Assez commun dans le sable.

Mai 1880.

ANGERS. IMPRIMERIE LACHÈSE ET DOLBEAU.

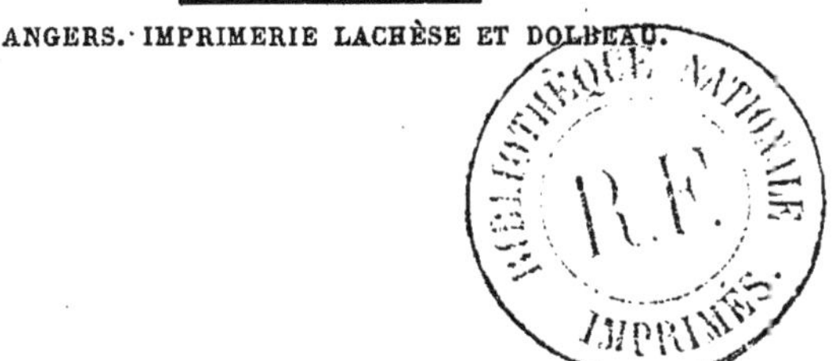

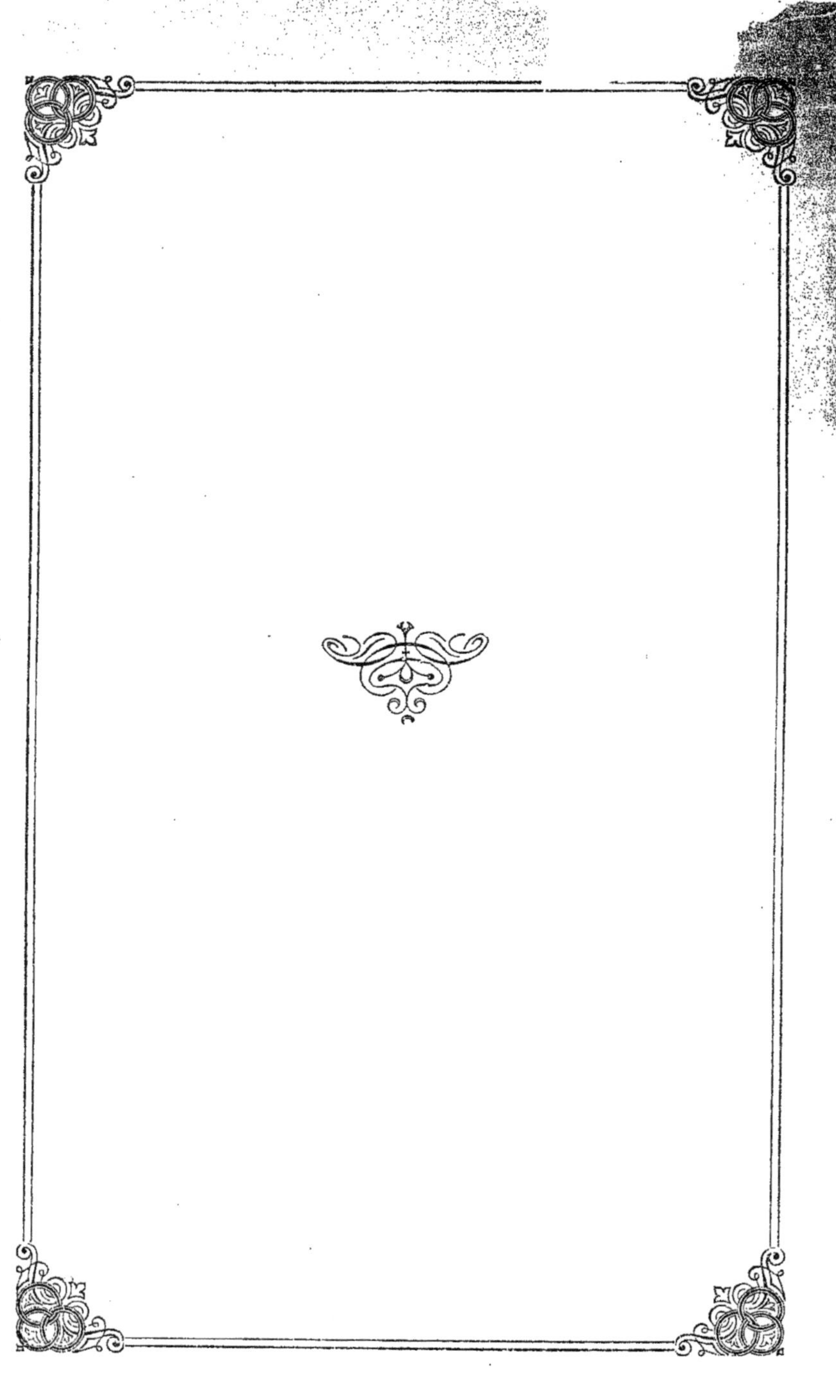

www.ingramcontent.com/pod-product-compliance
Ingram Content Group UK Ltd.
Pitfield, Milton Keynes, MK11 3LW, UK
UKHW021004220726
13924UKWH00002B/883